I0786291

Agenda
2019

Primera edición 2019

Realizado por:
Literatura Angora.

Diseño interior y maquetación:
Literatura Angora.

Ilustración de cubierta:
Literatura Angora.

Imágenes (CCO Creative Commons):
Pixabay.com

literatura-angora.blogspot.com

Agenda
2019

Calendario anual

Enero 2019

Lu	Ma	Mi	Ju	Vi	Sá	Do
	1	2	3	4	5	6
7	8	9	10	11	12	13
14	15	16	17	18	19	20
21	22	23	24	25	26	27
28	29	30	31			

Febrero 2019

Lu	Ma	Mi	Ju	Vi	Sá	Do
				1	2	3
4	5	6	7	8	9	10
11	12	13	14	15	16	17
18	19	20	21	22	23	24
25	26	27	28			

Marzo 2019

Lu	Ma	Mi	Ju	Vi	Sá	Do
				1	2	3
4	5	6	7	8	9	10
11	12	13	14	15	16	17
18	19	20	21	22	23	24
25	26	27	28	29	30	31

Abril 2019

Lu	Ma	Mi	Ju	Vi	Sá	Do
1	2	3	4	5	6	7
8	9	10	11	12	13	14
15	16	17	18	19	20	21
22	23	24	25	26	27	28
29	30					

Mayo 2019

Lu	Ma	Mi	Ju	Vi	Sá	Do
		1	2	3	4	5
6	7	8	9	10	11	12
13	14	15	16	17	18	19
20	21	22	23	24	25	26
27	28	29	30	31		

Junio 2019	Lu	Ma	Mi	Ju	Vi	Sá	Do
						1	2
	3	4	5	6	7	8	9
	10	11	12	13	14	15	16
	17	18	19	20	21	22	23
	24	25	26	27	28	29	30

Julio 2019	Lu	Ma	Mi	Ju	Vi	Sá	Do
	1	2	3	4	5	6	7
	8	9	10	11	12	13	14
	15	16	17	18	19	20	21
	22	23	24	25	26	27	28
	29	30	31				

Agosto 2019	Lu	Ma	Mi	Ju	Vi	Sá	Do
				1	2	3	4
	5	6	7	8	9	10	11
	12	13	14	15	16	17	18
	19	20	21	22	23	24	25
	26	27	28	29	30	31	

Septiembre 2019	Lu	Ma	Mi	Ju	Vi	Sá	Do
							1
	2	3	4	5	6	7	8
	9	10	11	12	13	14	15
	16	17	18	19	20	21	22
	23	24	25	26	27	28	29
	30						

Octubre 2019	Lu	Ma	Mi	Ju	Vi	Sá	Do
		1	2	3	4	5	6
	7	8	9	10	11	12	13
	14	15	16	17	18	19	20
	21	22	23	24	25	26	27
	28	29	30	31			

Noviembre 2019	Lu	Ma	Mi	Ju	Vi	Sá	Do
					1	2	3
	4	5	6	7	8	9	10
	11	12	13	14	15	16	17
	18	19	20	21	22	23	24
	25	26	27	28	29	30	

Diciembre 2019	Lu	Ma	Mi	Ju	Vi	Sá	Do
							1
	2	3	4	5	6	7	8
	9	10	11	12	13	14	15
	16	17	18	19	20	21	22
	23	24	25	26	27	28	29
	30	31					

Enero 2019

29 Ene
Martes

30 Ene
Miércoles

Febrero
2019

15 Feb
Viernes

16 Feb
Sábado

19 Feb
Martes

20 Feb
Miércoles

21 Feb
Jueves

22 Feb
Viernes

Marzo
2019

9 Mar
Sábado

10 Mar
Domingo

17 Mar
Domingo

18 Mar
Lunes

21 Mar
Jueves

22 Mar
Viernes

Abril
2019

Mayo
2019

7 May
Martes

8 May
Miércoles

Junio
2019

17 Jun
Lunes

18 Jun
Martes

Julio
2019

15 Jul
Lunes

16 Jul
Martes

21 Jul
Domingo

22 Jul
Lunes

Agosto
2019

Septiembre 2019

1 Sep
Domingo

2 Sep
Lunes

5 Sep
Jueves

6 Sep
Viernes

Octubre 2019

Noviembre 2019

Diciembre
2019

9 Dic
Lunes

10 Dic
Martes

11 Dic
Miércoles

12 Dic
Jueves

Notas

Notas

Notas

Listín Telefónico

Contacto	Nº de teléfono

Contacto	Nº de teléfono

Contacto	Nº de teléfono

Contacto	Nº de teléfono

Correos electrónicos

Contacto	Correo electrónico

Contacto	Correo electrónico

Contacto	Correo electrónico

Contacto	Correo electrónico